Thomas Künne wurde 1958 in Geislingen/Steige geboren. Er studierte Germanistik und Bildende Kunst mit Schwerpunkt Pädagogik, war Kunstpreisträger der Stadt Ludwigsburg und arbeitete bei amerikanischen Foto-Unternehmen. Außerdem Studium von Urprinzipien und Archetypen sowie Berater in Psychosomatischer Medizin. *www.schwingung-als-weg.de* oder *www.quelle-der-kraft.de*

Tom Breitenfeldt wurde 1958 in Flensburg geboren. Er studierte Kunst und Musik. Heute arbeitet er als Zeichner, Illustrator und Innenarchitekt. *www.tom-breitenfeldt.de*

ISBN 978-3-8303-4229-8

© 2011 Lappan Verlag GmbH
Würzburger Straße 14, 26121 Oldenburg
Lektorat: Constanze Breckoff
Gestaltung und Satz: Monika Swirski
Gesamtherstellung: LEGO S.p.A., Vicenza
Printed in Italy
www.lappan.de

Der Lappan Verlag ist ein Unternehmen
der Verlagsgruppe Ueberreuter, Wien.

Thomas Künne • Tom Breitenfeldt

Das Liebesorakel
Skorpion

Lappan

Inhalt

Wer passt zu wem?

Vorspiel zum Vorspiel

Deprimierende Bücher zu Sternzeichen und deren Merkmalen gibt es genug auf dem Markt. Auch über mögliche Beziehungen untereinander: *„Wer mit wem und wenn ja, warum nicht?"*

Nicht selten verliert ein verunsicherter Leser am Ende sogar die Beziehung zu sich selbst.

Dieses Liebesorakel ist anders. Es ist witzig, frech, frivol und vor allem entwaffnend ehrlich. Da kannst du kichern, dir ein Loch in den Bauch schmunzeln oder auch lauthals grölen.

In der Liebe kann es dir wertvolle Dienste leisten. Es gilt: „Augen auf bei der Partnerwahl!"

Am besten, du lachst nicht *über* dein Date, sondern zusammen *mit* ihm. Humor verbindet, und Lachen ist sowieso die beste Medizin. Was willst du denn auf Dauer mit einem Partner, der zum Lachen in den Keller geht?

Im Zweifelsfall trägst du deinen Arzt zum Apotheker.

Die Baureihe Skorpion
Was hat sich die Evolution bloß dabei gedacht?

Wo Skorpion-Geborene auftauchen, tauchen viele andere Sternzeichen ab. Das liegt vielleicht auch daran, dass diese sich oft so beliebt machen wie Fußpilz oder Hühneraugen, und die mag bekanntlich auch nicht jeder.

Hinzu kommt, dass Skorpione nicht transparent, sondern äußerst undurchsichtig sind und zudem nicht gerne in sich hineinschauen lassen. Höchstens ab und zu beim sogenannten Männer- oder Frauenarzt. Und selbst letzterer muss bei Skorpion-Weibchen gelegentlich Abstriche machen.

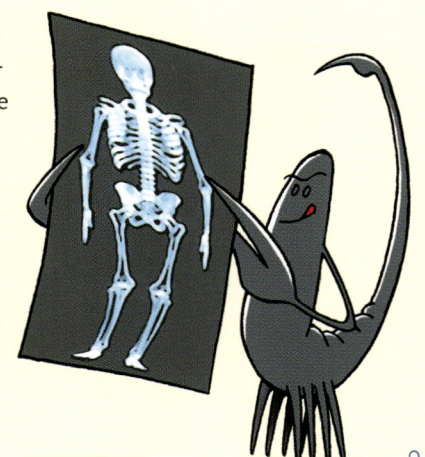

Skorpione haben die angeborene Fähigkeit, andere Menschen wie die Kassiererin im Supermarkt einfach abzuscannen. Bei sich selbst gelingt ihnen das nicht immer, oder sie haben einfach keinen Bock dazu. Dafür zeigen sie gerne mit dem Finger auf andere, um von sich abzulenken. Das funktioniert immer, schon seit Menschengedenken, denn irgendwo findet sich immer ein Sündenbock, der sich herzlich für die Arschkarte bedankt.

Wo es doch so viel Spaß und auch (Schaden-)Freude macht, anderweitig den wunden Punkt, die Achillesferse, zu suchen, zu finden und urplötzlich mit dem Skorpionstachel hineinzupiksen. Dabei behaupten sie, dass sie es nur gut meinen. Gut ist aber meist bloß das krasse Gegenteil von gut gemeint. Und wer nimmt schon gerne Kritik an? Ein unerlöster Skorpion sicher nicht. Er lebt nach dem Motto: „Wir müssen uns verändern, fangt ihr schon mal an!" Dabei steht in seinem eigenen Lebensbuch in großen Lettern: Weiterentwicklung, Metamorphose, Häutung oder Stirb und Werde.

Skorpion-Geborene sind Vulkane mit immenser innerer Kraft. Ihr Ausbruch kann neuen Lebensraum schaffen oder auch alten zerstören.

Wer mit einem Skorpion prima klar kommt, der ist mit sich und der Welt im Reinen.

Merke: Ein erlöster Skorpion hilft sich, seinen Lieben und der Umwelt, sich weiterzuentwickeln.

Das ist seine Aufgabe: Entscheidend ist hierbei die Dosis an Gift, die aus seinem Stachel fließt. Zu viel schadet nur, die exakt richtige Menge wirkt dagegen wie ein heilsames Medikament.

Das Skorpion-Weibchen
Kurz und bündig

Im Duett: Was das Skorpion-Weibchen auch anpackt, macht es mit Leidenschaft und Tiefgang, und das nicht nur beim Tauchen. Wenn sie sich also für Partnerschaft entscheidet, so macht sie dies mit Haut, Haaren und der festen Überzeugung: „Ja, ich will!"

Mit der Gründung einer Familie verhält es sich ebenso. Allerdings gibt es hier meist nur einen Willen, nämlich ihren. Widerspruch bringt nur Stresspickel auf Hals und Nase oder reißt tiefe Beziehungsfurchen auf, über die sich jeder Landwirt freuen würde. Sie kämpft idealistisch für gemeinsame Ziele, zumindest behauptet sie, dass es gemeinsame sind. Jedenfalls nimmt sie das Leben selbst in die Hand und wartet nicht tatenlos auf bessere Zeiten oder auf das angekündigte Erdbeben beim Sex.

Als Solistin: Sie hat die gleichen Augen wie die Schlange Kaa aus dem Dschungelbuch. Da gibt es kein Entrinnen: Verzaubern, gefügig machen und das Opfer in die Tiefe reißen.

Das ist pure Leidenschaft, nur ein wenig Liebe oder ein bisschen Sex interessiert sie nicht. Für sie gilt: Sekt oder Selters, dazwischen gibt es nichts.

Männer zieht sie wie mit einem unsichtbaren Lasso in ihren Bann. Wenn diese zu spät merken, dass sie eigentlich nur Opfer sind, kommen sie nicht mehr raus aus ihrer Umlaufbahn. Wie Missionare im Kochtopf von Kannibalen: Die werden erst mit Gewürzen lecker angemacht, heiß abgekocht und dann genüsslich verspeist.

Alltagstauglichkeit

Sie versteht es glänzend, ihre Umwelt so zu beeinflussen (viele nennen es auch manipulieren), dass sie   zum einen selbst nicht zu kurz kommt und zum anderen ihren   Willen durchsetzt.

Somit hat sie das Zeug zum Karriere-Weibchen, kann aber auch hervorragend für gemeinsame Projekte wie Partnerschaft, Familie oder Swimming-Pool im Garten kämpfen.

Vorteile

Das Skorpion-Weibchen ist leidenschaftlich, kreativ und entschlossen. Im wahrsten Sinne des Wortes ist sie eine Mitstreiterin, die man(n) besser für als gegen sich hat. Wenn sie die Spielregeln des Lebens verinnerlicht hat, zeigt sie ansteckende Lebens- und Spielfreude.

Nachteile

Nachgeben oder Verzeihen gehört nicht zu ihren Stärken. Sie kämpft so lange, bis sie gewonnen hat, auch wenn alles in Schutt und Scherben liegt, koste es, was es wolle. Wir alle kennen Bilder von zersägten Doppelbetten, Esstischen oder auch TV-Geräten. Unbestätigten Angaben zufolge waren dies fast immer Skorpione, immer häufiger auch Frauen.

Das Skorpion-Männchen
Kurz und bündig

Im Duett: In Partnerschaft (und Familie) entfaltet er sein volles Skorpion-Aroma am besten und so lange, bis man ihn nicht mehr riechen kann. Oder zumindest nur mit räumlichem und zeitlichem Abstand. Wird ihm dabei seine Chefrolle streitig gemacht oder diese angezweifelt, so stößt er selbst an die Grenzen von Macht und Ohnmacht.

Ohne Zweifel verfügt das Skorpion-Männchen über eine messerscharfe Urteilskraft zum Ausloten von Chancen und Risiken. Das Zusammenleben mit ihm ist niemals Konfektion von der Stange, sondern kreative Designermode. Wobei er das Schnittmuster nicht selten verlegt hat und dann so wild herumfuchtelt wie Edward mit den Scherenhänden.

In diesen Fällen braucht er das Verständnis und die Liebe der Partnerin, damit er sich nicht selbst verletzt. Auch, wenn er das niemals zugeben würde.

Als Solist: Das Skorpion-Männchen als Single bricht so heftig aus wie ein Vulkan, nämlich ungestüm und urplötzlich. Seine Leidenschaft bringt selbst Steine zum Schmelzen, bis sich die heiße Flüssigkeit in Schluchten und Täler ergießt. Sex mit einem Skorpion-Männchen ist erotisch und exotisch zugleich. Und voller Überraschungen, denn urplötzlich zückt er vielleicht sogar Handschellen oder Augenbinden. Auch, wenn er nicht bei der Polizei oder der berittenen Kavallerie arbeitet.

Alltagstauglichkeit

Dem stinknormalen Alltag kann er meist wenig abgewinnen, das ist ihm zu langweilig oder spießig. Er braucht eher den Kick, beruflich wie privat, geschäftlich wie auch geschlechtlich.

Das Uniforme und Festgelegte ist nicht seine Welt, er braucht das Besondere und die Abwechslung. Das heißt aber nicht, dass er alltagsuntauglich ist. Den erledigt er meist mit links, sodass er rechts noch viel Freiraum hat. Eine kluge Partnerin fördert und fordert ihr Skorpion-Männchen gleichzeitig, sie gibt ihm die Möglichkeit zur Entfaltung, Weiterentwicklung und Selbstverwirklichung. Dann läuft er zur Höchstform auf, alle sind zufrieden, und alles läuft wie von selbst bei Arbeit, Sport und Spiel.

Vorteile

Mit einem Skorpion-Männchen an deiner Seite nimmst du kein Gramm zu, denn der hält dich auf Trab. Dein Leben wird zu einer kostenlosen Erlebnistour in innere und äußere Welten, Höhen und Tiefen, zu Gipfelerlebnisse und in Abgründe, fernab vom Pauschaltourismus. Ist dir das auf Dauer zu viel oder zu anstrengend, beachte das bewährte Straßenbahn-Zitat: „Zum Aussteigen wird nicht geklingelt".

Nachteile

Nicht jeder ist zum Höhlenforscher geboren, vor allem, wenn es um das eigene Innere geht. Das akzeptiert der Skorpion aber nicht, vor allem nicht bei den anderen und erst recht nicht in der Partnerschaft. Wenn du dich nicht kennenlernen oder weiterentwickeln willst, dann ist das Skorpion-Männchen Gift für dich. Nimm dir lieber einen Steinbock, dann hast du deine Ruhe ...

Vermehrungsuhr für Skorpione

Skorpione sind eindeutig zweideutig. Und sie sind eindeutig triebgesteuert. Das sollte man wissen, wenn man (frau) zu ihm in den Wagen steigt. Ruck, zuck! kann sich dieser nämlich in einen Triebwagen verwandeln. Wird zudem der Skorpionstachel ausgefahren, hilft oft nur das schnelle Nachlösen einer Zuschlagkarte: Ein beherzter Stoß, und die Welt ist wieder in Ordnung.

Wir sehen also: Bei und mit Skorpion-Geborenen kann es schnell einmal zu einem Verkehrsunfall kommen, der oft einhergeht mit einer angeborenen oder chronischen Gummiallergie oder strikter Verhütungsverweigerung. Warum? Weil es den natürlichen Fluss des Lebens von innen nach außen behindert. Schließlich fragt doch auch niemand den Vulkan, ob und wann er gedenkt, auszubrechen. Da könnte ja jeder kommen!

Wenn es so weit ist, dann ist es so weit, basta! Und in ein paar Wochen weiß sowieso jeder, wie fruchtbar die Eruption war.

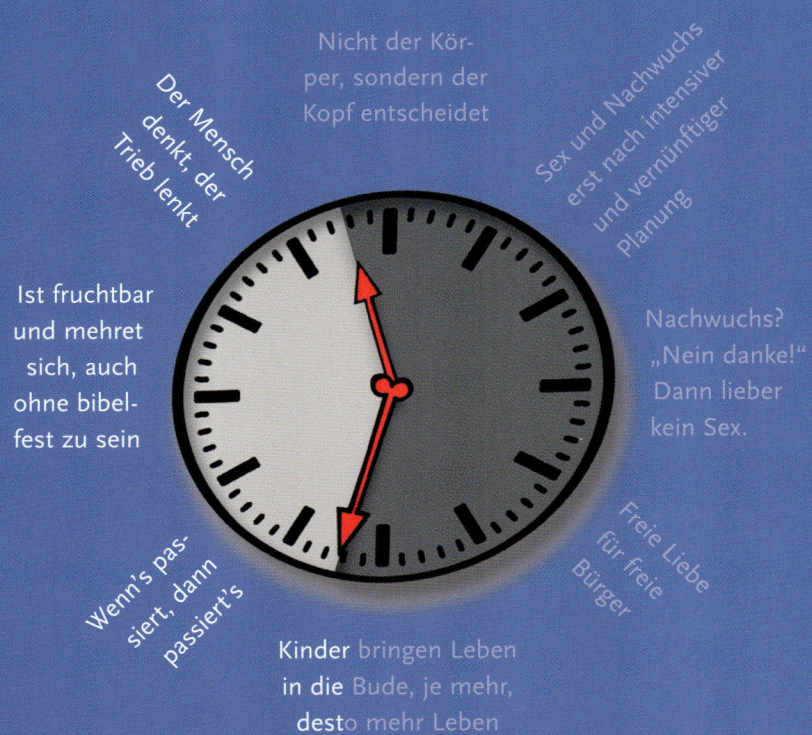

Nicht der Kör-
per, sondern der
Kopf entscheidet

Der Mensch
denkt, der
Trieb lenkt

Sex und Nachwuchs
erst nach intensiver
und vernünftiger
Planung

Ist fruchtbar
und mehret
sich, auch
ohne bibel-
fest zu sein

Nachwuchs?
„Nein danke!"
Dann lieber
kein Sex.

Wenn's pas-
siert, dann
passiert's

Freie Liebe
für freie
Bürger

Kinder bringen Leben
in die Bude, je mehr,
desto mehr Leben

Die Vermehrungsuhr hat ganz bewusst keine Zahlen, sondern sie gibt an, was dem
Skorpion bei der Fortpflanzung wichtig ist und wie er darüber denkt.

19

Konfliktkompass
für Skorpione

Merke: Skorpion-Geborene streiten anders als alle anderen Sternzeichen. Er nennt es klug, andere feige und hinterhältig.

In wenigen Fällen kontert er sofort, meist zieht er sich erst einmal schmollend zum inneren Kriegsparteitag zurück. Erst dann, wenn der „gegnerische" Partner am wenigsten damit rechnet, dann schlägt der Skorpion erbarmungslos zu: Aus heiterem Himmel packt er seinen Stachel aus und rammt ihn genüsslich in die Achillesferse seines Gegenübers! Auweia, das tut weh!

Die Konfliktstrategie eines Skorpion-Geborenen ist leicht umschrieben: „Fliegen wie eine Biene und zustechen wie eine Hornisse!"

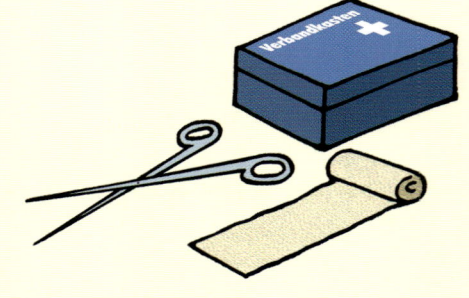

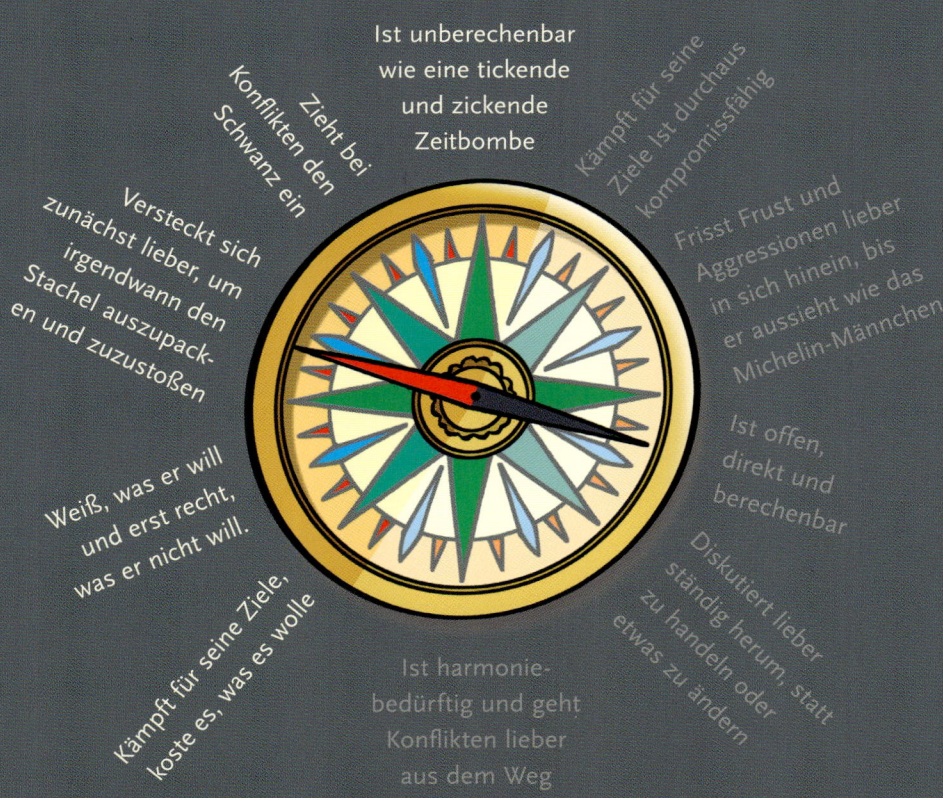

Ist unberechenbar
wie eine tickende
und zickende
Zeitbombe

Zieht bei
Konflikten den
Schwanz ein

Kämpft für seine
Ziele ist durchaus
kompromissfähig

Versteckt sich
zunächst lieber, um
irgendwann den
Stachel auszupack-
en und zuzustoßen

Frisst Frust und
Aggressionen lieber
in sich hinein, bis
er aussieht wie das
Michelin-Männchen

Weiß, was er will
und erst recht,
was er nicht will.

Ist offen,
direkt und
berechenbar

Kämpft für seine Ziele,
koste es, was es wolle

Diskutiert lieber
ständig herum, statt
zu handeln oder
etwas zu ändern

Ist harmonie-
bedürftig und geht
Konflikten lieber
aus dem Weg

Die rote Spitze der Kompassnadel zeigt an, wie der Skorpion Konflikte angeht oder ihnen aus dem Weg geht. Die Angabe ist eine Grundtendenz – natürlich kann sie sich auch leicht hin- und herbewegen, je nachdem, welcher Weg eingeschlagen wird.

21

Seitensprungkalkulator für Skorpione

Bekanntlich kann man Triebe schlecht kalkulieren, aber man muss immer damit rechnen. Das weiß eigentlich jedes Kind, nur die Partner von Skorpionen wollen das nicht glauben. Geschweige denn, sich eingestehen. Liegt das eventuell daran, dass Skorpion-Geborene keine offen ersichtlichen, vorsätzlichen Seitenspringer sind?

Aber wenn sich die Lust wie eine betörende Schlange um die Begierde wickelt, dann ist es doch vollkommen wurscht, ob der Seitensprung eher aktiv oder reaktiv ist. Das interessiert höchstens die Scheidungsanwälte oder den Friseur des Vertrauens, denn beide bekommen Kohle für Haarspaltereien.

Damit kannst du „rechnen":

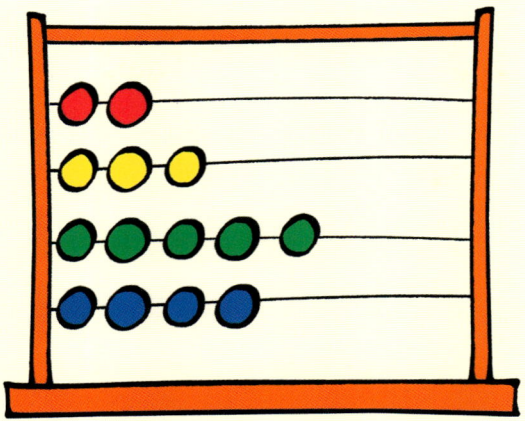

- 🔴 Seitensprung? Nein, niemals. Ich weiß gar nicht, wie das geht.
- 🟡 Nur, wenn das Halsband in der Partnerschaft auf Dauer zu eng wird.
- 🟢 „Vidi – veni – verdufti" – „ich sah, kam und war ruckizucki wieder weg".
- 🔵 Das Betthupferl-Syndrom: Beglückt werden alle, die bei „drei" nicht auf den Bäumen sind.

Die Anzahl der Kugeln entspricht wie beim Lotto einer möglichen Trefferquote: *Wenig Kugeln, gut für deine Beziehung. Viele Kugeln: Die Lotterie ist eröffnet!*

Kuschelbarometer
für Skorpione

Ans Kuscheln kann er sich schon gewöhnen, unser Skorpion. Denn eigentlich ist er tief in seinem Innern weich und verletzlich, sensibel und einfühlsam. Also genau das Richtige für Streichelzoo im Bettchen und auch anderswo!

Allerdings erfordert es vom Partner ein geschicktes Händchen, Zünglein und andere Körperteile, um an sein Inneres heranzukommen.

Viele erinnern Skorpione zu Recht an Kakteenfrüchte: außen stachelig und innen ganz zart.

Mit dem richtigen emotionalen Werkzeug, raffinierten Fingertechniken und einem ausgeklügelten oralen Marketing können beide ihr kuscheliges Wunder erleben.

VERÄNDERLICH
Redet lieber über Gefühle
und Liebe, anstatt diese
selbst zu praktizieren,
live und in Farbe

FEUCHT BIS NASS
Körperkontakt aus-
schließlich zum
Austausch von
Körperflüs-
sigkeiten

**HARMONISCH BIS
KUSCHELIG**
Du hast
gewonnen: Dein
Partner mutiert
allmählich zum
Kuschler des
Monats und
hat tierisch
Spaß dabei

**STÜRMISCH BIS
VEHEMENT**
Kuscheln „Nein dan-
ke!" Wenn ich ein
Lebewesen streicheln will,
gehe ich in den Kuschelzoo

**AUSDAUERND
BIS GENÜGSAM**
Streicheln und Kuscheln bis
zum Abwinken oder bis der Arzt kommt

Das Kuschelbarometer zeigt die überwiegende Kuschelstimmung des Skorpions
an. Schwankungen gibt es wie bei jedem Barometer …

Libido-beschleuniger für

Skorpion-Weibchen

Stachel-Piercings

anal statt banal

Puffmutter spielen

Sex in Uniform

Dominanz

Fesselballonfahrt

Diamanten und Gummi

ins Horn stoßen

Spiegel an der Decke

Schuldunfähigkeit

Unterwäsche tauschen

Skorpion-Männchen

Skorpion-Tattoos

oral statt Moral

Zuhälter mimen

nicht uniformer Sex

Dominas

Fesseltechniken

Gold und Latex

Hörner aufsetzen

Decken auf dem Spiegel

Unschuld

BH anziehen

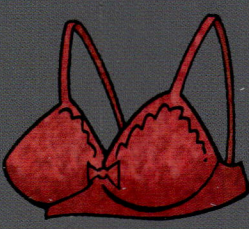

Brunftrituale & Paarungs-verhalten

Was sich liebt, das deckt sich

Was für andere Sternzeichen der Bau-markt verkörpert, das ist für Skorpio-ne der Swinger-Club, die FKK-Sau-na zum Anfassen, das Freudenhaus oder auch das Domina-Studio. Sei-ne sexuelle Bandbreite ist so umfassend wie das Hinterteil eines Sumo-Ringers und auch tiefer.

Woher das kommt? Skorpione sind wohl die neugierigsten Sternzeichen, und dies in allen Bereichen des Lebens und Liebens. Und: So ein menschlicher Körper mit seinen Rundun-gen, Vertiefungen, Öffnungen, Verschlüssen wie auch Erhebungen lädt doch Skorpione zu Ausflugserlebnissen von der Erstbesteigung bis zur kleinen Hafenrundfahrt geradezu ein.

Örtlichkeit

Skorpione lieben das Feuchte, Düstere und Geheimnisvolle. Wenn in der Sauna plötzlich die Beleuchtung ausfällt, die Geisterbahn mittendrin steckenbleibt: Das verschafft dem Skorpion einen fulminanten Libido-Kick. Auch von den in Toiletten der Airlines entdeckten Liebespärchen ist immer mindestens einer ein Skorpion, manchmal auch alle drei.

Vorspiel

Hauptsache es törnt an und verschafft Lustgefühle, dann ist die Dauer des Vorspiels nebensächlich: Dieses kann durchaus zwischen drei Minuten und vierzehn Tagen variieren! Wie bei der

Papstwahl steigen meist erst einmal Rauchsignale auf, die viel erwarten lassen.

Liebesreigen

Das Liebesspiel der Skorpione erinnert bisweilen an die legendäre Ardennenschlacht: Angriffe von vorne, Deckung von hinten, Abtauchen in morastigen Unterschlupf, plötzliche Stellungswechsel, verwirrende Scheinangriffe und schließlich Feuer aus allen Rohren.

Höhepunkt

Oft dauert es lange, bis ein Orgasmus-Gewinner feststeht. Manchmal müssen nach der Schlacht um den Höhepunkt mögliche Verletzungen versorgt werden. Fest steht jedenfalls: Diese sexuellen Ergüsse finden ihren Platz in den Geschlechts-, pardon, Geschichtsbüchern ...

Was hört man von einem Skorpion im Augenblick des Höhepunkts?

Bei Vulkaniern: *„Halt dich jetzt gut fest, mein Ausbruch spült dich sonst aus dem Bett."*

Unter den Nimmersatts: *„Nach dem Orgasmus ist vor dem Höhepunkt."*

Überall und allerorts: *„Los jetzt, zeig, was in mir steckt!"*

Gleiches und Gleiches gesellt sich gerne
Erdige Paarungen

Die Sternzeichen **Stier, Jungfrau** und **Steinbock** sind wie der Skorpion selbst weiblich-passiv. Sie verkörpern das Element Erde, welches seinerseits symbolisch für *Bodenständigkeit, Verwurzelung* oder auch *klaren Menschenverstand* steht. Ein Blick in die Natur zeigt auch hier erste Hinweise im Verständnis der **Wasser-Erde Paarungen:**

- *Regen (=Wasser) ermöglicht erst Wachstum aus Mutter Erde, sonst herrschen Hungersnot und Dürre.*

- *„Steter Tropfen höhlt den Stein"- irgendwann einmal bohrt sich das kleinste Rinnsal seinen eigenen Weg.*

- *Zu viel Erde im Wasser verstopft den natürlichen Fluss.*

- *Die Erde braucht das Wasser, aber das Wasser nicht zwingend die Erde.*

Skorpion & Stier

Hier treffen zwei Seiten derselben Medaille zusammen: Während der bodenständige Stier das Festhalten und Bewahren bevorzugt, findet man im Lebensbuch des Skorpions die Wandlung und Veränderung. Passt im ersten Moment nicht optimal, aber nur im ersten. Denn auch Tag und Nacht, Ebbe und Flut oder Licht und Schatten gehören zusammen wie Pech und Schwefel.

Chancen und Risiken: Die Chancen für diese Paarung stehen fifty-fifty. Erst wenn beide erkennen, dass es nicht um ein trennendes Entweder-oder, sondern um ein verbindendes Sowohl-als-auch geht, herrschen Friede, Freude und Eierkuchen.

Chancen

1	2	3	4	5	6	7	8	9	10

Risiken

1	2	3	4	5	6	7	8	9	10

Skorpion & Jungfrau

Diese Paarung hat in vielen Bereichen gemeinsame Interessen, wobei das Bett nicht immer dazugehört: Die Jungfrau analysiert gerne, der Skorpion neigt zu brutaler Offenheit. Erst wenn der Skorpion die sexuelle Kontrolle übernehmen darf, braucht er kein anderes Ventil außerhalb der Beziehung. Im besten Falle ist die Jungfrau sogar dankbar und froh unter oder über seiner Führung.

Chancen und Risiken: Beide haben hohe Standards, die nicht immer direkt zusammenpassen. Und doch passt der Stachel des Skorpions auf Dauer gut in die Jungfrau, wenn Liebe im Spiel ist. Der Alltag ist dabei Prüfung und Nährboden gleichzeitig.

Chancen

| 1 | 2 | 3 | 4 | 5 | 6 | 7 | 8 | 9 | 10 |

Risiken

| 1 | 2 | 3 | 4 | 5 | 6 | 7 | 8 | 9 | 10 |

Skorpion & Steinbock

Der Skorpion hat nichts gegen Sex ohne Emotionen einzuwenden, und dem Steinbock ist das gerade recht. Dies ist eine Paarung ohne Nebenwirkungen: Der Skorpion schlängelt sich so lange ins Liebesleben des Steinbocks, bis sich beide zufriedenstellend oder -liegend befriedigen.

Chancen und Risiken: Der erdige Steinbock gibt dem wässrigen Skorpion sachliche Bodenständigkeit, der Skorpion seinerseits sorgt in dieser Paarung für Initiative und Weiterentwicklung. Das kann gut klappen, im Privaten wie auch im Beruflichen.

Chancen

1	2	3	4	5	6	7	8	9	10

Risiken

1	2	3	4	5	6	7	8	9	10

Gleiches und Gleiches gesellt sich gerne
Wässrige Paarungen

Krebs, Skorpion und **Fische** sind sogenannte (passiv-weibliche) Wasserzeichen. *Skorpion–Krebs, Skorpion–Skorpion* und *Skorpion–Fische* sind somit Paarungen, in denen **Wasser auf Wasser** trifft. Beobachten wir dieses Phänomen in freier Wildbahn, so können wir feststellen:

- *Die Oberfläche der Erde und der Mensch selbst bestehen jeweils zu fast 70% aus Wasser.*

- *Wasser kann gut ohne die Elemente Feuer, Erde oder Luft existieren.*

- *Wasser und Wasser vermischen sich vollkommen miteinander, bis sämtliche Individualität verschwommen ist.*

- *Unbeherrschte Wassermassen können großen Schaden anrichten.*

Skorpion & Krebs

Die Stärke, Durchsetzungskraft und Führungsqualität des Skorpions imponieren dem Krebs sehr. In der Liebe ist der Krebs sensibler und der Skorpion leidenschaftlicher. Hier treffen sich Inspiration und Gefühl in Reinkultur, im Bett zelebrieren sie das Wasserballett des Tierkreises.

Chancen und Risiken: Schwierig wird es, wenn einer oder beide dieser Paarung eine öffentliche Maske tragen, die sie auch privat kaum ablegen. Das sorgt für Selbstbetrug, Täuschung und Enttäuschung und verspielt die guten Chancen dieser Beziehung.

Chancen

	1	2	3	4	5	6	7	8	9	10

Risiken

	1	2	3	4	5	6	7	8	9	10

Skorpion & Skorpion

Mit einem Skorpion gut auszukommen, ist schon schwierig genug. Bei Skorpion mit Skorpion treffen Eifersucht, Jähzorn und Besitzanspruch doppelt aufeinander. Das erinnert an Kampfhennen und -hähne, die streiten, bis die Federn und Fetzen fliegen. So sieht auch meist das Bett dieser Paarung aus.

Chancen und Risiken: Diese Paarung erinnert eher an eine Kampfgemeinschaft, bei der das Feuer lodert, bis es auch im Wasserbett brennt.

Erst wenn beide für ein gemeinsames Ziel kämpfen, können sie ihre Kräfte bündeln. Wenn sie dann noch leben ...

Chancen

1	2	3	4	5	6	7	8	9	10

Risiken

1	2	3	4	5	6	7	8	9	10

Skorpion & Fische

Sie fühlen sich magisch voneinander angezogen und verstehen sich auch ohne Worte, nur mit Flosse (Fisch) und Stachel (Skorpion). Ihr Sexleben ist fantasievoll und geht porentief bis in die Gräten. Im rauen Alltag beschützt der robuste Hai (Skorpion) den sensiblen Delfin (Fisch). Klingt doch wie ein toller Liebesfilm, oder?

Chancen und Risiken: Der Fisch wird in dem Maße glitschig, in dem der Skorpion dominant und herrschsüchtig wird. Bevor er zu viel darunter leidet, springt er aus dem heimischen Aquarium und mutiert zum Flugfisch. Und fliegt davon ...

Chancen

| 1 | 2 | 3 | 4 | 5 | 6 | 7 | 8 | 9 | 10 |

Risiken

| 1 | 2 | 3 | 4 | 5 | 6 | 7 | 8 | 9 | 10 |

Gegensätze ziehen sich an und aus
Feurige Paarungen

Jedes Kind weiß, dass man sich am Feuer ganz schön die Finger verbrennen kann. Wer sich schon einmal Brandblasen an einer Kerze oder an einer heißen Herdplatte zugezogen hat, der hat auch ein Leben lang Respekt vor dem Feuerelement. Wasser kommt da im ersten Moment nicht so bedrohlich daher, und doch kann es gewaltige Verwüstungen wie bei einem Tsunami oder der Sintflut anrichten. Oft schleicht die Gefahr lautlos heran wie eine Schlange, vor der es kein Entrinnen mehr gibt. Wie vertragen sich eigentlich die Elemente **Feuer und Wasser** in der Natur miteinander?

- *Feuer und Wasser sind zunächst nicht die besten Freunde.*

- *Feuer kann Wasser so lange erhitzen, bis dieses verdampft.*

- *Wasser kann Feuer auf einen Schlag komplett auslöschen.*

- *Mit Feuer und Wasser kann sich der Mensch einen wärmenden Tee oder eine heiße Suppe machen.*

Skorpion & Widder

Bevor Pluto, der Herrscher des Skorpions im Jahre 1930 entdeckt wurde, wurde dieses Sternzeichen vom Mars (= Widder) regiert. Somit kann man sagen: Pluto/Skorpion ist der weibliche Mars/Widder. Folglich stoßen in dieser Paarung zwei Kämpfernaturen aufeinander, die sich gegenseitig nichts schenken. Der Sex kann ebenso erregend wie frustrierend sein. Mit dem Alltag verhält es sich genauso.

Chancen und Risiken: Bei Widder – Skorpion handelt es sich um eine vitale und emotional-dynamische Paarung, in der die unterschwellige Kampfeswut allgegenwärtig ist. Im Streit können sie sich gegenseitig zerfleischen, und keiner verlässt den Ring als Sieger. Noch zermürbender ist allerdings der kalte Krieg, in dem es keinen offenen Kampf gibt, aber auch keinen Frieden.

Chancen

| 1 | 2 | 3 | 4 | 5 | 6 | 7 | 8 | 9 | 10 |

Risiken

| 1 | 2 | 3 | 4 | 5 | 6 | 7 | 8 | 9 | 10 |

Skorpion & Löwe

In dieser Paarung begegnen sich zwei Haudegen, die miteinander, gegeneinander oder aufeinander streiten. Ihr Sexleben ist ebenso impulsiv wie draufgängerisch, genauso der Alltag. Wenn sich beide aber zusammenraufen, können sie ein unschlagbares Team werden, das die Welt aus den Angeln heben kann.

Chancen und Risiken: Der Skorpion ist mit einem Stachel ausgerüstet, den er in flagranti in die Achillesferse des Löwen rammen kann: Der Löwe kämpft offen, der Skorpion im Verborgenen. Wird der Löwe zu oft mit Licht- und Liebesentzug bestraft, reagiert er beleidigt und deprimiert.

Chancen

| 1 | 2 | 3 | 4 | 5 | 6 | 7 | 8 | 9 | 10 |

Risiken

| 1 | 2 | 3 | 4 | 5 | 6 | 7 | 8 | 9 | 10 |

Skorpion & Schütze

Erotisch passen sie gut zusammen, im Bett ist diese Beziehung am besten. Außerhalb der Matratze wird es schwierig: Der leicht größenwahnsinnige Schütze fühlt sich vom Skorpion irgendwie angestachelt. Damit sie zusammenbleiben, wird fast nichts verweigert. Das klingt nach Spiel ohne Grenzen, bis die Lust zur Last wird.

Chancen und Risiken: Dies ist eine typische Feuer (Schütze) – Wasser (Skorpion)-Paarung: Beide haben das Potenzial, sich gegenseitig auszulöschen.

Oder sie kommen zur Vernunft, bändigen ihre Triebe und kredenzen sich einen wärmenden Beziehungstee mithilfe ihres gebändigten Feuers und beruhigenden Wassers.

Chancen

1 2 3 4 5 6 7 8 9 10

Risiken

1 2 3 4 5 6 7 8 9 10

Gegensätze ziehen sich an und aus
Luftige Paarungen

Zwillinge, **Waage** und **Wassermann** sind sogenannte (aktiv-männliche) Luftzeichen. Stürmische **Luft** kann das ruhige **Wasser** ganz schön in Rage bringen. An der Oberfläche brechen sich die Wellen gefährlich um die Wette, unkontrolliertes Wüten dieser beiden Elemente kann lebensgefährlich sein. Schauen wir einmal genauer hin:

- *Stille Wasser schauen friedlich aus und können doch Gefahren in sich bergen.*

- *Alles Leben auf Mutter Erde kommt ursprünglich aus dem Wasser.*

- *Luft und Wasser brauchen sich nicht wirklich gegenseitig.*

- *Was kann schöner sein als ein schmeichelhafter Luftzug am Meer oder am heimischen Baggersee?*

Skorpion & Zwillinge

Sexuell passen sie perfekt zusammen, im Bett enthüllen sie sich gegenseitig ihre sinnlichen Fantasien, denn beide interessieren sich brennend für das Neue und Unbekannte. Im Alltag dagegen kommt schnell Frust auf, der auch in Missgunst und Feindseligkeiten enden kann. Das kommt vor allem, wenn einer den anderen kontrollieren oder unter Druck setzen will.

Chancen und Risiken: Heftige Wasser- und Luftbewegungen können sich gegenseitig bedrohlich aufschaukeln.

Der Reiz und auch die Chance dieser Paarung besteht darin, miteinander zu schwingen statt gegeneinander. Denn sonst überwiegen Risiko und Schiffbruch.

Chancen

| 1 | 2 | 3 | 4 | 5 | 6 | 7 | 8 | 9 | 10 |

Risiken

| 1 | 2 | 3 | 4 | 5 | 6 | 7 | 8 | 9 | 10 |

43

Skorpion & Waage

Die zögerliche Unbestimmtheit der Waage kann in dieser Paarung den fordernden Skorpion mit seinem Stachel zusehends auf die Palme bringen. Dann kocht er nämlich vor Wut. Zwischen Waage und Skorpion wirkt, auch sexuell, ein Magnetismus, der zu Leidenschaft oder Kurzschluss führt. Sie sind immer in Bewegung: Der Skorpion steht unter Strom, die Waage strampelt so lange mit, bis ihr die Puste ausgeht.

Chancen und Risiken: Zwischen beiden wirken Kräfte der Anziehung und Abstoßung, oft auch gleichzeitig. Das ist ein ganz normaler Vorgang in dieser Welt mit Ebbe – Flut, Plus – Minus oder Rein – Raus. Fordernder Besitzanspruch (Skorpion) und besänftigender Zuckerguss (Waage) sind Reibungspunkte. Reibung erzeugt so lange Wärme, bis es einem zu heiß wird.

Chancen

1 2 3 4 5 6 7 8 9 10

Risiken

1 2 3 4 5 6 7 8 9 10

Skorpion & Wassermann

Einzelgänger sind beide, aber diese Gemeinsamkeit reicht noch nicht für eine dauerhafte Beziehung. Der Wassermann braucht und liebt seine Freiheit, der Skorpion möchte beherrschen und besitzen, was ihm in dieser Paarung nicht gelingen wird. Wir wissen: „Der Weg ist das Ziel" – in diesem Fall oft aus heiterem Himmel der getrennte Weg.

Chancen und Risiken: Tag und Nacht sind ebenfalls total unterschiedlich, und doch sind sie ein Paar für alle Ewigkeit.

Erst, wenn beide ihre Andersartigkeit akzeptieren, schätzen und in seltenen Fällen sogar lieben, kommt strahlendes Licht ins Dunkel dieser Beziehung.

Chancen

| 1 | 2 | 3 | 4 | 5 | 6 | 7 | 8 | 9 | 10 |

Risiken

| 1 | 2 | 3 | 4 | 5 | 6 | 7 | 8 | 9 | 10 |

Nachspiel

Du meinst, dieses Liebesorakel ist vom Autor frei erfunden? Du findest die Beschreibung des Skorpions weit übertrieben?

Einspruch, Euer Ehren! Fragen wir den Skorpion selbst, wird er alles abstreiten. Fragen wir jedoch seine(n) Partner(in), so werden wir hören: „Ja, ganz genau, so ist mein Skorpion!"

Diese Diskrepanz zwischen Eigen- und Fremdwahrnehmung erleben wir tagtäglich. Direkt darauf angesprochen, geht kaum einer in das amerikanische Spezialitätenrestaurant mit dem großen gelben „M", keiner hört am liebsten Volksmusik, und nur ganz wenige lesen die Tageszeitung mit den großen Buchstaben.

Dabei ist es doch so: „In der Blöße liegt die Größe!", im gemeinsamen Lachen miteinander und nicht im Bewerten, Verurteilen oder Abkanzeln hinter vorgehaltener Hand.

„Sind wir nicht alle ein bisschen Skorpion?", der eine mehr, der andere weniger. Manche versuchen dies ein Leben lang zu unterdrücken oder zu verheimlichen. Doch wozu? Dieses Liebesorakel möchte dir Mut und Lebensfreude schenken, frei nach dem Motto:

„Lieber entspannt im Hier und Jetzt als verkrampft im Wenn und Aber!"